# ¿Qué encontraré en este libro?

*...Solo aquellas personas capaces de ampliar su zona de confort, lograran encontrar nuevas perspectivas sobre su vida, dándose cuenta que el límite este en sus mentes...*

*LEONARDO PEREZ*

Bienvenido amigo lector, este libro de autoayuda, te permitirá encontrar una guía sobre algunos aspectos que considero debes saber para lograr ser Líder, y no cualquier Líder, sino el Líder que tendrá la voluntad de hacer cambios importantes en tu vida, el Líder que te ayudará a entenderte mejor, realizar las actividades como sabes que debes hacerlo, te representará en el espejo cada mañana y lo mejor será el Líder que tú has estado buscando, se trata del Líder capaz de motivarte, ayudarte y enseñarte.

Una vez entrado en este ambiente de Liderazgo, permíteme preguntarte ¿Estas cómodo en la posición donde te encuentras?, ¿Desearías cambiar algo en tu forma de ser que dificulta alcanzar tus metas?, ¿Cuándo tu jefe te habla, lo ves como un Líder o un Jefe?, ¿El trato recibido por tus colegas y colaboradores está basado en el respeto?.

Estas interrogantes deben ser respondidas por ti, desde la evaluación consciente sobre tu ser, solo tú eres responsable de los cambios que puedes generar para lograr lo que quieres, y como actuar para obtenerlo.

En nuestras sociedades modernas, sobre todo en Venezuela es fácil observar con detenimiento los tipos de liderazgos que nacen dependiendo del lugar donde se vive, la educación recibida en casa, el status social, los recursos que disponemos, nuestras amistades.

La palabra Líder está siendo empleada por muchísimas personas con el propósito de obtener respaldo en el momento de decisiones difíciles, de control de masas por persuasión, y no puede ser autoimpuesta; es decir, una persona no debe llamarse Líder, a menos que tenga seguidores que así le reconozcan como tal y deleguen en él las responsabilidades y poder para dirigirlos.

Encontraras en este Libro una vía para lograr sacar el Líder que está inmerso en ti, pienso que todos podemos ser Líderes, solo necesitamos tener la convicción para tomar decisiones asertivas en beneficio de un determinado grupo de personas a los cuales se les debe respeto por obtener el poder de dirigirlos, y más aún ganar las batallas de tu interioridad Liderándote a ti mismo.

Una persona es capaz de cambiar internamente si se lo propone o ha pasado por una experiencia traumática que lo obliga a cambiar. No obstante observo que el Liderazgo no está reconocido en muchos casos por el conocimiento sobre algo, sino el empleo de ese conocimiento que se tiene para tomar decisiones.

¿Un Líder motiva?, en lo personal pienso que una persona no motiva a otra a menos que esta coloque expectativas en aquella que cree puede motivarlo. No esperes que otro encuentre dentro de ti las respuestas que solo tú sabes que son válidas, por esto busca **¿Cómo SER tu Propio LIDER?.**

...Éxitos...

# *Índice*

                          Página

| | |
|---|---|
| 1.- Reconócete | 6 |
| 2.- Somos Humanos, reconoce al otro | 16 |
| 3.- Merécete el Triunfo | 21 |
| 4.- Entiende el medio ambiente donde te desenvolverás | 30 |
| 5.- Enseña y Potencia | 40 |
| 6.- Ya con Herramientas, ¿y Ahora? | 45 |
| 7.- Autoevalúate para mejorar | 50 |
| 8.- Bibliografía | 53 |
| 9.- Agradecimientos | 54 |

# *Reconócete*

..."A un monje se le preguntó en cierta ocasión:
¿Qué hacen allí en ese monasterio?
El monje contestó: Nos caemos y nos levantamos, nos caemos y nos levantamos, nos caemos de nuevo y nos volvemos a levantar"...

TITO COLLIANDER.

Desde que te levantas hasta que te acuestas, estas en constante exposición a las situaciones diarias, y durante ese tiempo estas constantemente realizando evaluaciones conscientes o no para generar respuestas basadas en decisiones, las cuales pueden ayudarte a lograr lo que quieres y deseas o aprender sobre la decisión que tomaste.

Después de este relato me atrevo, si estás de acuerdo a preguntarte ¿Realmente sabes quién eres?, ¿Te conoces? A partir de aquí iniciara el camino con este libro – guía que disipara algunas inquietudes sobre tu viaje hacia el TU que llevas dentro y permitirá mejorar tus habilidades como el Líder que deseas ser.

¿Cuantas veces vemos a los más pequeños, hacer cosas que normalmente le dices que no haga?
¿Cuántos niños han imitado a aquel que logró desafiar las reglas impuestas por los seres de autoridad? como por ejemplo subirse a una mesa, meter los pies con zapatos en un balde de agua, y otras tantas situaciones similares, alguien hace y otro intenta hacerlo.

Esto no solo pasa con los niños, los adultos también tratamos de imitar o parecernos a aquellos quienes nos inspiran, a aquellos a los que hemos puesto los valores que no nos atrevemos a reflejas, las cualidades que nos negamos o pensamos que no tenemos.

Esa naturalidad de entender el mundo, las reglas impuestas de acuerdo a la sociedad donde naces o creces, sus elementos, su gravedad al caernos, me han enseñado a lo largo de mi carrera que ante cualquier eventualidad o situación resaltan 2 tipos de personalidades.

Este es el primer proceso de identificación por reconocimiento de ACTITUDes, el cual denominamos LIDERAZGO, en efecto El Liderazgo no es impuesto por mí como ser independiente, debe ser a través del reconocimiento de mis diferencias, habilidades y destrezas por los cuales un grupo de personas es capaz de seguir las ideas que planteo.

Efectivamente, pienso que estas personalidades son:

A.- Aquella a la que le gusta desafiar las reglas impuestas por otros, el que se arriesga, el que tiende a buscar el por qué se originan las cosas, el que decide, actúa y motiva por medio de su acto de hacerse responsable por sus actos cometidos y también por los actos que cometen los demás que dependen de él.

B.- Aquella que espera que otro se arriesgue, el que desea que las decisiones las tome otro, no acepta responsabilidades a menos que, sea estrictamente necesario.

No hablo de cual es buena o mala, todos tenemos de ambas, solo que algunos manifestamos más una que otra y eso está basado de acuerdo a la situación, los datos con los que contamos y nuestra ACTITUD para afrontarla.

Buscando un enfoque diferente, la situación o situaciones que se presentan forman las bases para surgir un Líder, el cual es elegido y aceptado por el grupo en el que se encuentra. Este Líder es respetado por la iniciativa de hacer algo ante la paralización de otros, ante una toma de decisiones.

**¿Cómo te hace sentir ser quién eres?**

**¿Ese sentir te motiva a seguir siendo como eres o deseas realizar cambios?**

**¿Con cuál tipo de persona te identificas?**

**¿Cómo te ves en una semana, un mes, un año, cinco años?**

**¿Lo que estás haciendo hoy te llevará a dónde quieres estar en esos lapsos de tiempo?**

**¿Crees y sientes que puedes ser Líder?**

## ¿Cómo puedes llegar a ser el Líder que quieres ser?

El hecho de crecer como parte del proceso natural de nuestro organismo, también permite que crezcan nuestras perspectivas, puntos de vista o enfoque sobre el nuevo YO, debido a los estímulos recibidos por el medio ambiente que nos rodea (incluyendo personas, lugares, situaciones) y la manera en la que hemos aprendido a interpretar esos estímulos.

En concordancia con el crecimiento nos vamos definiendo como seres independientes, como personas que actúan por su manera de pensar y sus convicciones.

Como parte de la formación que necesitas para convertirte en un LIDER, el primer paso es ser capaz de identificar tus valores, reconociéndote en ellos y actuar conforme a ellos, no para satisfacer la necesidad de alguien, sino por el hecho simple de encontrar en lo que haces tú satisfacción personal.

Esto puede ser explicado de acuerdo a la Pirámide de Jerarquización de Necesidades de Maslow, donde se encuentran los niveles de búsqueda y como se logra la satisfacción del hombre, empezando desde lo más básico como lo es la comida y el resguardo hasta la autorrealización, para ayudar a los demás.

Durante la transformación interna y externa de tu persona hacia el Líder que llevas contigo, es necesario que hayas completado lo siguiente:

1.- Coloca en estas líneas tus fortalezas, aquellas cosas o actividades que sabes que haces bien; es decir, tus fortalezas:

_____
_____
_____
_____
_____
_____
_____
_____

Ten en cuenta que dependiendo de tu respuesta podremos encontrar la vía adecuada para lograr ser ese Líder que has visualizado.

2.- Ahora establece con un criterio amplio, verdadero y realista tus oportunidades.

Como forma de ayudarte te explicare que son las oportunidades y aprovecharlas.

Es importante que conozcas y reconozcas en tu persona todas aquellas actividades o cosas que te pueden ayudar a mejorar, a sacar ventaja sobre una situación, por ejemplo: Cuando estas con alguna persona y a esta le gustan las rosas, una oportunidad para conquistarla seria encontrar rosas en venta en una calle que transitas junto a esa persona.

Cuando los demás huyen de las situaciones, siempre hay una o varias formas de ver esa situación y buscar una solución que te garantice el triunfo.

Las oportunidades son situaciones que tenemos ante nuestros ojos y la rutina que llevamos nos ha colocado el filtro para evitar verlas, otro ejemplo puede ser, comenzar a buscar vehículos de la misma marca y modelo, al colocar nuestra atención a este tipo de eventos se abre el espectro de búsqueda y comenzaras a ver y encontrar casi de forma inmediata ese tipo de vehículos, de allí manejamos el enfoque como herramienta para encontrar oportunidades en nuestro ambiente, esta es una manera de cambiar nuestra forma de pensar y ampliar nuestra visión de lo que es y lo que podemos hacer.

Establece en esta línea algunas oportunidades que pueden estar allí y no las ves, es posible que tengas alguna fortaleza que te puede ayudar a obtener una mejor oportunidad en tu vida diaria, atrévete a escribir esas oportunidades

_____
_____
_____
_____
_____
_____
_____
_____

3.- ¿Cuáles son tus debilidades?, esas actividades en las cuales no te destacas o no logras comprender como debe ser, por ejemplo si no entiendes matemáticas, y eres estudiante de ingeniería, es imprescindible que te enfoques en buscar alguien que te explique, buscar más libros que lo expliquen, realizar mayor cantidad de ejercicios, esto te puede ayudar a mejorar esa debilidad:

_____
_____
_____
_____
_____
_____
_____
_____

4.- y luego escribe las cosas que representan para ti amenazas: lo que te puede ocurrir por no haber tomado las acciones necesarias para lograr salir adelante:

_____
_____
_____
_____
_____
_____
_____
_____

Ya sabes cuales puntos debes mejorar. Mejorar va más allá de solo realizar un cambio en tus acciones, es estar convencido y comprometido con llevar a cabo las acciones que con ellas lograras un objetivo, todo debes hacerlo un paso a la vez, darle un tiempo y luego evaluar para saber si estas logrando el objetivo que te planteaste.

Después de conocer estos aspectos, estas más cerca de alcanzar tu meta. Para Liderar tienes que Liderarte a Ti mismo, reconocerte, conocerte, saber de lo que eres capaz y hasta donde estás dispuesto a llegar para lograr los objetivos que te planteas en la vida, y sabes qué?, es tu vida la que tienes en tus manos, sin saber manejar tu vida, ¿ como puedes lograr influenciar a los demás, como podrás llegar a ser su líder?.

Todo está basado en las decisiones y convicciones. Si te has tomado el tiempo para llegar hasta este punto en la lectura, está más concretado en tu ser la idea de poder cambiar lo necesario, por eso te invito a continuar el siguiente capítulo.

## *Somos Humanos, Reconoce al otro.*

*"El ejemplo no es una forma de Educar, es la única manera de hacerlo"…*

ALBERT EINSTEIN

Después de haber obtenido el conocimiento o el redescubrimiento de tus capacidades, de tu ser interno, de tus pensamientos, emociones, gustos, es momento de comprender o entender que no solo son las actividades que Yo(este Yo es para conectarte con lo leído, siempre usa la palabra YO esto le dará poder a tus palabras, en tu mente y tu cuerpo se prepara para lo que buscas) realice las que me ayudaran a encontrar o alcanzar los objetivos.

En nuestro mundo actual, que busca la Globalización, el entendimiento de personas y tecnología para hacer la Vida cada vez más sencilla, te presentare una lectura del libro: "El Arte de Combinar el Sí con el No", del escritor Ricardo Bulmez.

En este relato nos muestra la sencillez con la que debemos afrontar etapas o situaciones de nuestra vida, como el caso del aprendizaje sobre el Carro sincrónico, en el cual le están enseñando a manejar un carro sincrónico y quien le explicaba (que tenía experiencia y práctica por demás) le insistía en decirle que había una letra H para realizar el cambio de velocidades y las fuese realizando de esa forma, por supuesto quien aprendía no entendía lo que Quien le explicaba decía.

La principal falla de un plan de acción comienza desde el momento en el cual no es entendido el plan por aquellos que tendrán la tarea de realizarla, y en muchos casos quienes no entienden son incapaces de levantar una bandera (simbólico para referirse a levantar la mano) y expresar sus dudas con respecto al tema, nos pasa cuando estudiamos y no entendemos algo en clase, y para no quedar mal ante los demás, no tomamos o ejecutamos la acción adecuada, bien tontos por pensar así, la Idea es entender lo que se escucha y aprender para poder avanzar en nuestro camino con mejores herramientas.

Para lograr lo que queremos nuestra comunicación debe estar en sincronía con las formas de aprendizaje de nuestros escuchas, colaboradores, los que ejecutaran la acción y darán resultados.

En muchas oportunidades he escuchado: "Tenemos falla de comunicación". En varias empresas, entre los integrantes de un departamento o entre departamentos de la misma empresa, y la solución es sencilla (dicen muchos), si tienes fallas de comunicación entonces comuníquense.

¿Fácil?, este tipo de situación amerita el entendimiento de las necesidades del otro por encima de las propias, dejando una vía despejada para lograr que a través de ella circulen las ideas de ambas partes sin imponerse, es necesario expresar de forma respetuosa nuestro punto de vista al igual que entender el punto de vista de quien nos intercambia sus necesidades.

En este proceso debemos evaluar con objetividad lo que es más conveniente para ambos, recordemos que cada individuo maneja una verdad vista desde su interioridad. En tal sentido la comunicación es vital para un Líder, sus palabras tienen valor para aquellos a quienes lidera y le han permitido ser liderados, recordemos que no hay Líder sin liderados o seguidores.

En nuestra era Global, donde en la empresas se está cambiando parte de su antigua filosofía y maneras de hacer las cosas y como tratar a los individuos que deben ocupar los puestos de trabajo que representan el cerebro de las organizaciones, cada vez se hace más importante entender a las personas que laboran en las empresas, entender que los motiva, cuáles son sus frustraciones, como podemos ayudarlo a desarrollarse, y esto ha dado mejores resultados de productividad, más motivación, y se convierte en un efecto de bola de nieve que se incrementa cada vez más. De igual forma sucede cuando desanimas, no apoyas, no contribuyes a dar soluciones y te conviertes en parte del problema, esa misma bola de nieve igual crece solo que esta vez disminuye la productividad, genera conflictos y destruye una cultura organizacional terminando con la caída de la organización y en algunos casos el cierre de la misma.

De aquí nuestra importancia como personas encargadas de dirigir las riendas de la organización, no solo a nivel Gerencial sino también en cada escalafón de la organización, la forma en la que interactuamos con el otro, la manera de entender su mundo nos da las herramientas y claves para lograr mantener un equilibrio emocional, profesional sobre la toma de decisiones.

# *Merécete el Triunfo*

*..."La principal preocupación del hombre, no es obtener placer o evitar el dolor, sino más bien el ver un significado en su vida. Esta es la razón por la que el hombre está tan dispuesto a sufrir, con la condición, claro está, de que su sufrimiento tenga un significado"...*

*VICTOR FRANKL*

En nuestra vida, tenemos un banco de moral (así lo denomino), donde colocamos nuestras acciones buenas y/o no tan buenas que son establecidas por la sociedad que nos rodea en tiempo presente.

Estas acciones fomentan o acreditan a la persona como honorable, y ese título no expresado ni impuesto pero reconocido por todos quienes conocen a la persona honorable, respetan sus decisiones, aceptan sus palabras y hay algunos que las consideran lo máximo.

A este tipo de personas, que tienes en tu familia, amigos o conocidos le cedes una cuota de poder, reconociendo su conducta, por lo tanto puede inspirarte a cumplir con lo establecido, esta inspiración conlleva a establecer el hilo que teje la red para llegar a un ser LÍDER.

En las organizaciones, siempre tenemos al JEFE y al JEFE que es LÍDER. Con el Jefe cumpliré por ser mi obligación y para eso me contrataron, prestando atención a que solo haré las actividades por las cuales me fueron contratados sin dejar de ser profesional. Al Jefe Líder cumpliré con mis actividades de la mejor forma posible debido a que su trato me inspira y me reconoce como parte fundamental de su equipo de trabajo, en caso de necesita algo que esta fuera de nuestras actividades le brindamos la ayuda con gusto, esta diferencia se debe principalmente a la forma en la que somos aceptados.

Este punto es vital el Jefe Líder espeta y permite mantenerte despierto ante su ACTITUD, o reconoces como tal.

Por esto, podemos decir que Seguimos al romper paradigmas, seguimos al LÍDER que, antes nuestra realidad le damos valor a lo que nos gustaría ser de esa persona.

¿Puedes ser ese LÍDER?, la respuesta está en ti, y en la ACTITUD con que lo afrontes.

La ACTITUD, esa característica arraigada en nuestro subconsciente que avanza de acuerdo a los estímulos recibidos durante nuestro primeros días de formación, que da una respuesta a la evaluación de cualquier situación en la cual estamos inmersamente vinculados, en el tiempo presente, en el ahora, la ACTITUD buena da el resultado de muchas oportunidades, la ACTITUD nos indica cómo actuar en determinado momento, o como conducirnos para obtener el resultado que queremos.

De nuestra forma en que nos vemos nuestra ACTITUD trabajara para ello, no es lo que sabemos sino lo que estamos dispuestos a arriesgar para hacer lo que debemos, lo que queremos en beneficio propio, de la organización, de la comunidad.

Se habla de ACTITUDes positivas, negativas, neutras, sin embargo estos términos serán relativos, de acuerdo al contexto o sociedad en el que nos hayamos desenvuelto, aprendido, crecido.

Los limites los ponemos nosotros, he visto personas sin piernas naturales y corren como el rayo con piernas artificiales, también veo personas que sin piernas, se echan a morir, no ven otra salida que la de abandonarse, que diferencia a estas personas, la respuesta es la ACTITUD ante la vida, la situación.

El romper paradigmas está inmerso en nuestra naturaleza humana, buscando el porqué de las cosas, porque se hacen de una forma y no de otra, y es allí donde nuestros aprendizajes, emociones, estructura social, individualidad surgen en forma de ACTITUD, esa manera en la que reaccionamos ante diversos estímulos externos e internos, esa ACTITUD nos define y establece un patrón referencial para aquellos que nos rodean, es un adicional que tenemos a favor o en contra.

Cuando se presenta una situación que nos pone a prueba, debemos detenernos y buscar las opciones y de acuerdo a nuestra ACTITUD tomaremos la que mejor nos parezca (dependiendo de nuestro nivel de entendimiento, conocimiento de los datos disponibles, experiencias obtenidas de situaciones similares) la que analicemos, la que nos convenga, sin embargo, aún puede haber situaciones en las cuales, pareciera que nada nos conviene y nuestra ACTITUD nos indica, arriésgate, hazlo, tú puedes.

Debemos cambiar la forma en que vemos las cosas, por ejemplo en una competencia, la palabra perder hay que sustituirla por aprender, o ganas o aprendes, puedes que no obtengas lo que pensaste en ese momento, te garantizo que si lograste obtener algo preciado como lo es el aprendizaje. Al emplear la palabra ¿Por qué? estamos buscando en nuestro interior una forma de justificarnos. En vez de eso, justificarte, aprovecha la oportunidad para evaluarte y ver los puntos a mejorar que impidieron obtener el logro.

Muchas veces escucho decir a las personas,…"No es lo que se dice; sino como se dice"…. ¿Te parece conocida esa expresión? ¿Has notado la gestualidad, el comportamiento del cuerpo de las personas que intervienen en esa conversación?, no solo la ACTITUD te ayudará a romper paradigmas o cambiar estructuras, también es importante saber cómo comunicarte vocalmente y expresivamente.

La parte gestual, las señas, formas en la que colocamos nuestra cara, movimientos de los brazos y manos, o simple rigidez corporal, permite expresar más del 65% de lo que pensamos y sentimos, este tipo de mensaje es captado por todos los individuos que se encuentren cerca de nuestra área, y sus mentes inmediatamente lo comparan de forma inconsciente de acuerdo manifiesta su aprendizaje.

Estos puntos son muy sensibles a la interpretación amigo lector, por ello los invito a conocer más sobre cómo afecta la gestualidad en las relaciones humanas. Usted aprende a diario de las personas que lo rodean, si le presta atención a lo que le dice su familia, amigo, compañero y jefe, observe los gestos que realiza, la posición de sus brazos, sus ojos, su postura corporal, evalúala, compárela y aprenda. Esto le garantizara obtener una herramienta imprescindible para mejorar su comunicación.

La forma en que enviamos el mensaje que queremos transmitir a las personas o animales que lo van a recibir dependerá de nuestro conocimiento en la comunicación. Estas palabras son fáciles, entendibles, ustedes las conocen, la manejan a diario, ¿Las comprenden?

Un buen comunicador y emisor de mensaje permite que las personas entiendan lo que se requiere para lograr cumplir con una actividad de acuerdo a pautas establecidas.

El mensaje es creado de acuerdo al tipo de receptor que lo recibirá, es por ello vital que antes de emitir un mensaje conozcamos el tipo de receptor, sus gustos o maneras de pensar, es diferente enviar un mensaje con un nivel técnico en el léxico a personas que manejan un vocablo diferente, en este caso el mensaje no será entregado adecuadamente.

Inclusive el lenguaje técnico deberá utilizarse entre grupos de personas con intereses comunes; imagínese, una conversación entre un electricista y un médico, ambos emplean lenguajes técnicos de sus respectivas áreas, esa diferencia impide que si ambos hablan en su lenguaje el mensaje sea difícilmente entendido, ¿Cómo se puede obtener una comunicación efectiva?, ¿Cómo te comunicas con tu familia, amigos, colaboradores, jefes? ¿Empleas el mensaje adecuado para cada caso? ¿Realizas un feedback (retroalimentación) sobre lo que has expuesto para verificar que el mensaje fue entendido como necesitabas que fuera entendido?

Siempre veo reflejado el efecto de la comunicación, he pasado por malos entendidos, por instrucciones dadas y recibidas de diferentes temas y en muchas de esas ocasiones las fallas fueron por NO ENTENDER a cabalidad lo que se estaba instruyendo, ordenando, solicitando a una persona o grupo de personas que hieran, inclusive Yo he mal entendido una instrucción y cometí errores por no entender.

¿Qué aprendí sobre esto?, cuando transitas el mundo familiar y corporativo, logras obtener aprendizajes significativos que te ayudan a agregar valor en lo que haces, cometer errores y aprender de ellos es vital para poder Liderar, Los libros están allí para ayudarte por medio de estudios y experiencias de otros, visto y vivido por otros, solo Tú lograras entender y comparar lo escrito aquí. Dependerá de ti entender el cómo hacer las cosas, como comunicarte, como hacerte entender y lo más importante como lograr aprender a expresarte.

Un Líder es un ser humano y como tal debes mantenerte Humano para tomar las mejores decisiones, decisiones apoyadas en tu interioridad, apoyadas en tu exterior, analizadas a través de tu aprendizaje y experiencia. Cuando hablo sobre experiencia, las personas se ríen cuando les digo que la Experiencia es un aprendizaje obtenido por observación de actividades de otro, por errores propios o aprendizaje basado en lectura. De una manera simple la Experiencia es el aprendizaje obtenido de los errores.

# *Entiende el medio ambiente donde te desenvolverás*

*...Quien quiera saber un poco de vivir, debe adiestrarse mucho en romper, hacerse perito en despedidas, tiene que aprender a renunciar con más curiosidad que resignación. Preparaos porque el día se acerca...*

FERNANDO SAVATER

¿Quién llega a un puesto de trabajo con el conocimiento absoluto?, Nadie. Por muchos libros que leamos, muchas conversaciones sobre el tema, muchos videos, siempre tendremos la expectativa sobre la estrategia o acciones planteadas y las cuales deberemos ejecutar. El escenario es diferente, las personas son diferentes, el tiempo y el entorno social, cultural, organizacional es diferente, lo único que no es diferente eres tú, quien te conoces y debes saber cómo adaptarte a la forma de trabajo de la nueva organización.

Pienso que lo primero que debemos hacer al estar o ingresar a un puesto de trabajo es efectuar un sondeo de la cultura organizacional, como se manejan las cosas, quien es responsable o se encarga de XXX actividad, emplea la proporción 2 a 1; 2 Ojos y 1 Boca, 2 Oídos y 1 Boca, por eso *Observa* bien antes de hablar. Este proceso de adaptación es vital, debes ser tú, no pretendas ser otro, lo que te hará brillar es tu originalidad, el propio Tu, imitar con el tiempo esto no funciona y desde ese momento empieza tu decadencia al no inspirar confianza. Puedes hacer cambios de forma, pero no de fondo, tus principios o criterio aplicado a tu vida será tu brújula y tus ACTITUDes ante ese criterio puesto a prueba por las situaciones será el barco donde te muevas y logres llegar a puerto seguro.

Una vez que conozcas como se desenvuelve el ambiente de trabajo, esfuérzate en reforzar la misión y visión de la empresa, este proceso es tomado a veces en cuenta solo cuando viene una inspección de Recursos Humanos, para una evaluación de certificación de la Norma ISO, o para montar un show sobre lo bien que funcionan las cosas, esto te quita respeto porque dejas de ser Integro y honesto contigo mismo. Por otra parte demuestra que las bases sobre las cuales se fundó la organización fue perdiendo su norte, tu deber es mantener y de ser posible recuperar el rumbo sobre la visión, si tu no crees en esto, tus colaboradores no lo harán y se perderá esa gota de esfuerzo, la cual necesitarás para crear eficiencia, verdadero sentido de pertenencia, apoyo, trabajo en equipo, adicional a esto dejaras de ser el Líder a quien siguen por ser uno más del montón.

Al principio eres visto como jefe si te toca ocupar un cargo de dirección, y a medida que vas trabajando con tu equipo, escuchándolos, entendiendo sus puntos de vista, mientras vas aprendiendo el cómo se manejan las cosas, cuales son los criterios aplicados, cuáles son sus basamentos para intercambiar ideas, recuerda que hay elementos que desconoces sobre cómo se maneja realmente el departamento o el área donde estarás trabajando.

El hecho de escuchar a tus colaboradores es vital para establecer ambiente laboral, así como es necesario que sepas y conozcas a tus colaboradores, saber quiénes son, que hacen fuera de su horario de trabajo, cuántos hijos tiene, si es casado o casada, esto permite estrechar los lazos y generar vínculos nuevos, te comienzas a colocar entre ellos, se humilde, agradece, y sobre todo mantén tu visión y el rumbo de los objetivos que tienes, y esto no solo debes aplicarlo en tu lugar de trabajo. ¿Has pensado como te puede ayudaren las relaciones familiares este tema?.

Recuerda que eres quine lleva la batuta, por lo tanto estarás siendo evaluado por todos a tu alrededor, y aunque es duro leerlo, cuando ven que tu camino se está dando buenos resultados demostraran más confianza en ti, esa genera motivación para continuar haciendo las cosas bien. Tus colaboradores necesitan tener como guía alguien que mantiene las normas y cumple las reglas, pero también esperaran alguien que se arriesgue por ello y por lo que piensa, estos puntos de desafío son prescindibles e importantes por que logran darte el empowerment, la autoridad ganada no impuesta, el respeto, y así comenzaras a propiciar tu carrera logrando ser aquel que persiguen como persona Líder, ya no te verán como el jefe nuevo que llego, como el compañero que esta para ocupar un espacio más en la organización, sino como la personas capaz de mantener las riendas de la organización, de su área y de su gente, reconociéndote como Líder.

Como parte del proceso de aprendizaje para lograr una mejor interacción en un nuevo lugar, es imprescindible que conozcas cuales son las costumbres, que los motiva, que les disgusta y como establecen sus círculos sociales. Estos detalles te ayudaran a manejarte mejor en el nuevo lugar donde estas, inclusive en tu propio círculo social.

Te coloco un ejemplo, en Venezuela es muy tomado en cuenta el béisbol, por ese motivo cuando comienzan los juegos las personas fanáticas piensan mayormente en el juego de pelota, donde serán los partidos del equipo favorito, sus jugadores, el promedio de bateo y esos detalles que permiten conocer el desempeño de tu equipo.

Así como es el Béisbol también puedes evaluar otra disciplina deportiva o cultural, de esta forma podrás establecer estrategias de seguimiento necesarias basadas en similitudes de un equipo de béisbol, aunque es pintoresco ofrece buenos resultados, de esta manera transmites lo que quieres decir y será captado con mayor receptividad por aquellas personas a quienes les transmites el mensaje.

En mi caso particular, cuando llego a un lugar nuevo, después de aprender de los procesos comienzo a buscar mejoras, que representen bienestar a las personas, disminución de costos y mayor rentabilidad, por eso te pregunto:¿Eres del que llegas con ganas de cambiar las cosas en un dos por tres?, si tu respuesta es sí, te comento que tenemos mucho en común, los cambios para mejorar las cosas es parte de lo que me gusta hacer, y durante mi estada en las empresas he podido comprobar que el ambiente de trabajo se va organizando en la medida que generes cambios graduales, de impacto y que se mantenga al transcurrir el tiempo, por supuesto los cambios son reflejos de adaptación a los nuevos sistemas y estrategias gerenciales.

Los cambios a nivel global en las diferentes formas de operar las empresas están orientados a lograr siempre el mayor bienestar económico para inversionistas y luego hacia las personas, y te lo coloco en ese orden Inversionistas – Personas, no pienses que es injusto, esto es motivado por lo siguiente: Si el inversionista obtiene buenos resultados de su inversión, cualquier proyecto que manejes donde veas reflejada la garantía de su inversión a la vez que mejoras el ambiente donde trabajas, haciendo que las personas logren sentirse más a gusto con la empresa entonces estarás moviéndote en un ambiente sano para todos, si por el contrario no logras manejar la situación que permita un bienestar para las personas y solo ingresos adicionales al inversionista, estarás estableciendo una ruta fácil para bajar la productividad y con ello rompes el equilibrio del medio ambiente laboral.

Por estos motivos debes conocer primero el lugar donde te desenvolverás, las personas, sus intereses y gustos, para realizar cambios. Muchas veces los trabajadores se quejan constantemente, ¿Cómo debes manejar las quejas?, esto es parte del conocimiento del Líder, es necesario que afrontes este tipo de situaciones sin prejuicios, sin molestias y sobre todo en equilibrio emocional.

Cuando te muestras sereno, calmado permite que las energías que lleva la persona que te comentará su queja comience a disiparse, es importante que le hables a la persona con calma, y no le preguntes el porqué de su angustia o queja, por el contrario déjalo expresarse, y cambia el tipo de preguntas de por qué a ¿Qué es lo que te molesta? ¿Cómo te hace sentir la situación? ¿Cómo podemos solventar la situación? ¿Qué me puedes aportar para ser parte de la solución y no parte del problema?

Esta es una forma de abordar a la persona que se acerca con una queja, asimismo es necesario que al expresarte no emitas juicios, evalúa la situación, y procede a realizar las respectivas indagaciones sin irte por las ramas, ve directamente con la persona o departamento que genera la posible situación y en un ambiente de búsqueda de soluciones, encuentren la más asertiva para todos.

En oportunidades tendrás que dar una respuesta negativa a las solicitudes o requerimientos de alguien porque no se ajusta a los lineamientos de la organización, y debemos entender y hacer entender a los demás que No también representa una respuesta.

En este momento coyuntural, la situación socioeconómica de Venezuela afecta el poder adquisitivo de los trabajadores y empresas, por tal motivo, cuando llega un nuevo Jefe, éste representará ante un grupo de trabajo una opción de cambiar las situaciones económicas de los trabajadores, este es el momento adecuado para no crear falsas expectativas sobre aumentos de sueldo, mejoras económicas, etc.

Ese es el momento para que logres entender como funciona la organización, hasta donde son tus límites, y desde allí, realizar tu estrategia organizacional, de tal modo que al hablar con la persona que se acerque con este tema puedas abordarlo y darle una respuesta. Te recomiendo que este tipo de tema sea hablado con el Departamento de Recursos Humanos para que puedas tener una visión amplia sobre lo que puedes o no puedes hacer con respecto a un tema tan sensible como lo es la parte económica del trabajador, aun siendo el dueño de la empresa, puedes afectar la productividad de otros al mejorar a uno sin consultarlo con tu departamento de Recursos Humanos.

Ten en cuenta que cuando el trabajador va a ti es porque piensa que puede solventar alguna situación laboral o personal; es decir, está buscando de tu ayuda, experiencia, decisión, apoyo, te está dando un voto de confianza y la forma como será abordado por ti establecerá un criterio sobre la clase de persona que eres, no solo para él sino para el resto del equipo donde trabajes. Este no debe ser motivo para aprobar cualquier requerimiento, recuerda que NO con justificación también es una respuesta.

# *Enseña y Potencia*

*...Creo en la intuición y en la inspiración. En Ocasiones me siento segura de estar en lo cierto sin saber la razón para ello. La imaginación es más importante que el conocimiento pues éste es limitado mientras que la imaginación puede abarcar todo el mundo...*

ALBERT EINSTEIN

En una oportunidad cuando era Coordinador de Mantenimiento, tenía asignado al departamento de mantenimiento una persona que fue intervenida del corazón, y cuando me contrataron me dijeron que manejase la situación con prudencia, el nombre de esa persona era conocido en la empresa por su nexo familiar y por haber sido operado del corazón.

Me dedique a evaluar a la persona y encontré en él que poseía cualidades interesantes para rendir y mejorar en las actividades que realizaba, de esta forma comencé a exigirle más en su trabajo, y él iba dando frutos, sin darse cuenta comenzó a cambiar su imagen en la organización, le hice saber su importancia en nuestro departamento, el cómo su actividad mejoraba o afectaba la gestión, pero esto no pasó desde el principio.

Fue a través del trabajo, de lo enseñado, del reconocimiento en público sobre su labor que entendió lo que debe hacer y cómo debe hacerlo, dándole libertad para lograr mejorar en su área.

Todo este rendimiento se incrementó después de una conversación en la cual me comentaba que si yo sabía que él había sido operado del corazón, mi respuesta fue sí, esa respuesta sencilla le hizo pensar que estaba bromeando, a lo que le pregunté ¿Estás enfermo del corazón o del cerebro?, esta pregunta me sirvió para sacarlo de su zona de confort, hacerle entender que su desempeño intelectual estaba intacto y que si él se lo proponía podía lograr grandes cambios a su favor y al departamento. Y así fue.

La organización comenzó a notar el cambio de él, y este cambio hizo que le reconocieran por su nombre y el cargo que desempeñaba.

No des por entendido que la persona sabe hacer el trabajo para el cual fue contratado, dale la oportunidad de demostrar lo que dice saber hacer, guíalo, acompáñalo, enséñale, reconócele sus logros, hazle ver lo que dejó de hacer o no hizo como debía, corrígelo.

Recordemos que nadie es indispensable, por este motivo no guardes conocimientos o formas de hacer las cosas que al final solo te dejaran mayor carga de trabajo, te puede impedir un ascenso, un cambio de lugar, te puede restar una oportunidad. Enseña y todo ese bien que realices será devuelto a ti.

Un Líder enseña con acciones, con ejemplo. Tus acciones repercutirán de forma positiva o negativa en aquellos que te han confiado el poder de liderarlos.

No ofrezcas algo que no puedas cumplir, en efecto el poder que emana de tu persona a través de la palabra es capaz de generar y crear expectativas, por eso es conveniente que lo que sea dicho por ti sea cumplido.

Este aspecto parece estarse diluyendo en nuestra sociedad cada vez más acelerada, donde al parecer lo único que importa es la venta, y para algunas empresas es cierto que la razón de ser es generar riquezas a través de las ventas de productos, para otras además de vender es generar bienestar a los clientes externos e internos, como lo son sus colaboradores.

Por tal motivo no generes expectativas solo para cumplir un objetivo en la organización, o para tener la aprobación de muchos, recuerda que esto puede traerte problemas a futuro.

Por lo tanto debes aprender a ofrecer lo que puedes cumplir y lo que estarás dispuesto a hacer para cumplirlo, si en el camino las cosas no se logran realizar como lo tenías planificado, también debes saber manejar cómo hacer para decirle o explicarle la situación a aquellos que confiaron en ti.

Tu palabra es importante, porque eres tu propio espejo, eres tu marca y debes cuidarla. Al implementar estrategias debes compartir el camino a seguir y las vías posibles de alcanzar ese objetivo en caso de ocurrir algún percance, es por eso que debes trabajar en base a escenarios, y las decisiones se irán tornando más sencillas de establecer a medida que tu agilidad ante estas situaciones se vuelvan prácticas, con el tiempo iras revelando tus aptitudes sobre cómo manejar escenarios volátiles, donde las decisiones se deben tomar en el momento y con los datos que cuentas.

## *Ya con Herramientas, ¿y Ahora?*

Te invito a romper los paradigmas y comienza a Liderar en tu entorno, ¿Cómo lo harás?

Sigue estos pasos para lograr posicionarte como Líder en cualquier ámbito de tu vida.

1.- Debes tener ACTITUD para hacer y aptitud para saber, sé que no es fácil conseguir alinear estas dos condiciones principales, sin embargo un Líder no debe saberlo todo, de hecho, ninguna persona lo sabe todo, pero además de tener buena ACTITUD para disponer y accionar para que las cosas se hagan y se hagan bien, debes tener conocimiento sobre personas que tienen conocimiento, no es un trabalenguas, es la realidad, vivimos rodeados de la era de la información y quien conoce la información tiene ventajas competitivas, por eso conoce personas que tengan esos conocimientos, comparte con ellos, rodéate de ellos, y no escribo solo de los grandes ponentes de la materia, sino también de tus colaboradores, amigos, familiares, de las personas que realizan las actividades en tu organización, del señor que realiza el aseo, el conocimiento no solo proviene de libros, también proviene del aprendizaje que da la vida, y cada persona tiene conocimientos de vida que tú no manejas, solo ves lo que conoces, por eso aprende de ellos.

2.- Establece tus criterios a parir de tus valores, es importante que te conozcas y te conozcas bien. Tus sentimientos, tus gustos, lo que conoces y lo que no, tus fortalezas, debilidades, oportunidades y amenazas, hazte un análisis y realiza tu propia matriz de vida, determina tus metas y busca los mecanismos necesarios para alcanzarlas, no solo las personales sino las comunes en el lugar donde te establezcas, acuérdate que no eres un ser individual y único en el planeta, también dependes de las relaciones con los demás, a menos que decidas ser ermitaño y no estar inmerso en el mundo de lo sociabilidad, somos seres sociales.

3.- Trata a los demás como te gustaría ser tratado, de allí obtendrás buena comunicación y respeto, lo cual es una catapulta en el Liderazgo, el respeto no se exige por un cargo, por la edad, por el conocimiento o los títulos (salvo en algunos países donde es impuesto), pero no en tu caso, el respeto es una autopista de dos sentidos, es reciproco, y debe mantenerse en pro de desarrollar los lazos necesarios para que exista el Liderazgo, sin respeto no hay afinidad y sin esa afinidad no lograras conseguir el máximo rendimiento de tus colaboradores, respeta por el simple hecho de tratar con seres humanos, respeta la independencia de cada uno, respeta las cualidades de cada ser vivo, todos tenemos virtudes y defectos, respétalos y formaras un lazo indestructible, la era del mazo y el garrote pasaron, ahora, en este momento las personas quieren ser tratadas como tal, y este es el desafío de aquellos que quieren lograr más con las mismas personas, acéptalas tal cual son y ellas lo harán contigo.

4.- Decide, arriésgate, da el primer paso. Es muy importante que tanto tu familia como la organización sepan que eres capaz de tomar decisiones, una persona que decide es aquella que logra sacar adelante cualquier actividad, es por ello que te contratan o deciden no hacerlo. Una decisión será buena o mala, de acuerdo a sus resultados, pero una decisión no tomada es una mezcla de incumplimiento, de inseguridad y sobre todo de alguien que no es capaz de tomar el rumbo, de dirigir y de hacer las cosas, esta diferencia te impulsa en el Liderazgo, porque los que están a tu alrededor, sabrán que pueden contar con alguien capaz de decidir sobre algún tema, esta habilidad o capacidad para la toma de decisiones es uno más de los pilares que sostienen el Liderazgo, acuérdate tienes el poder de decidir y muchas personas y actividades dependerán de ello, no te asustes, tú y solo tú sabes que puedes hacer, y si dudas consulta, evalúa pero sobretodo Decide.

5.- El tiempo es vital para todos, no se regala, no se compra, cuando cumples tu tiempo, termina la vida, por eso aprovecha cada momento, en tal sentido, cuando tengas que realizar alguna reunión, cumple con la hora pautada, no inicies antes, pero no llegues tarde, inicia a la hora, con las personas convocadas, con los que estén en el lugar, esto reconocerá el valor que se le da al tiempo de cada individuo, esto suma y crea vínculos.

Para que todos estén en sintonía con la reunión, envía la información con anterioridad sobre los puntos a tratar, los responsables y de ser posible sugiere el tiempo que deberá tomar cada individuo en la reunión, así todos tendrán la idea de cuánto tiempo tendrá la reunión, esto relaja la conversación y ayuda a que sea más fluida debido a que cada quien estará enfocado en el tema que le corresponde y escuchará el tema de los demás. El manejo del tiempo de forma eficiente te ayudará a resaltar el porqué de tu Liderazgo.

6.- Crea tu Plan, establece recursos, fechas, como lo medirás, las observaciones, recuerda que esto es fundamental para alcanzar lo que quieres. Si es muy ambicioso el plan, entonces divide las metas en metas más pequeñas, así podrás culminar con éxito lo que desees.

Si tienes dudas, puedes escribirme al email [negociosavanzadosz@gmail.com](mailto:negociosavanzadosz@gmail.com), con gusto podre asesorarte.

## *Autoevalúate para mejorar.*

¿Colocaste tu plan en marcha?, para colocarlo en marcha te pregunto: ¿Creaste el Plan?

Luego de haber culminado la lectura de este libro, espero que hayas encontrado una guía práctica de cosas que haces normalmente o que empezaras a realizar para lograr tu objetivo, ser LÍDER.

Después de este viaje de aprendizaje, corroborar información, cambiar de enfoque, evaluar al escritor sobre el tema, cualquier opción que te acompaño durante la lectura, es necesario que realices una autoevaluación de lo aprendido, no con un simple cuestionario, sino por el contrario, comienza a correr el tiempo para lograr las grandes cosas que te has propuesto, por eso te invito a realizar lo siguiente:

1.- Establece una lista de las cosas o actividades que piensas debes mejorar.

2.- Asígnale los recursos necesarios para cumplir con esas actividades.

3.- Establece el tiempo en el cual cumplirás lo planeado

4.- Crea rutinas de seguimiento, sin ser obsesivo, manteniendo la disciplina

5.- Corrobora lo que necesitas cambiar, mejorar, enfocar cada vez que consideres necesario, solo deja que el tiempo que te propusiste sea cumplido, sino estarás cambiando las metas, las actividades y por ello no afianzarás el aprendizaje obtenido.

6.- Disfruta lo que haces, sin ves que en el camino pierdes el interés en lo que haces, sientes, piensas es un buen momento para realizar cambios. Pregúntate ¿Esto que hoy hago me ayudará a llegar donde quiero ir?

Amigo lector, con esto cambiaras tus perspectivas sobre lo que haces, como diriges, como te diriges, te entiendes y como romper los paradigmas, solo si así lo deseas, la Felicidad y la plenitud no están en el exterior, está en Ti.

***Pon en práctica lo aprendido y SE tu Propio LIDER***

# *Bibliografía*

Carlos Saúl Rodríguez, No es cuestión de Leche es cuestión de Actitud, Primera Edición, 2012, Venezuela.

Carlos Rosales, Personas compran personas, Octava Edición Best Seller, 2014, Venezuela.

Leonardo Pérez, Creando equipos de trabajo que trabajen en equipo, Primera Edición, 2016, Amazon, Estados Unidos.

Manuel Barroso, Meditaciones Gerenciales Editorial Galac, Cuarta Impresión, Diciembre 2011, Venezuela.

Ricardo Bulmez, El Arte de Combinar el Sí con el No: Una opción de Libertad, Sexta Edición, 2002, Venezuela.

# **Agradecimientos**

Le agradezco a el Omnipresente por colocar en mis manos y en mi ser la capacidad de transmitir mis vivencias por medio de charlas y escritos.

A mis padres Carmen y José quienes con sus formas diversas de ver y enfrentar la vida me enseñaron el valor de ser lo que soy

A mis Hermanos, cuyos reflejos de personalidad me ayudaron a entender las diferencias que agregar valor a la familia

A mis esposa Felicar por su apoyo y complicidad incondicional

A mis hijos Alejandro y Gabriel, por su sentido del humor, y aprender de ellos como hacer para que los niños entiendan este tema

A quienes de una u otra forma han sido apoyo, me enseñaron y creyeron en mí.

...Gracias Mil...

www.ingramcontent.com/pod-product-compliance
Lightning Source LLC
Chambersburg PA
CBHW020710180526
45163CB00008B/3027